*Autoren-Team Sültz auf Sylt*

# DER KLEINE SYLT REPORT

Teil 2/2016

BoD - Books on Demand

Norderstedt 2016

Bibliografische Information durch die Deutsche Nationalbibliothek

Die Deutsche Nationalbibliothek verzeichnet diese Publikation in der Deutschen Nationalbibliografie; detaillierte bibliografische Daten sind im Internet über http://dnb.dnb.de abrufbar.

© 2016 Renate Sültz & Uwe H. Sültz

Herstellung und Verlag:

BoD – Books on Demand, Norderstedt

ISBN 9-783-7412-3995-3

DER KLEINE SYLT REPORT

Heute mit diesen Themen:

007 NEWS – Der neue Lister Markt

008 NEWS - Morsum: „Neue Männer braucht das Land!"

009 NEWS - Neuer Straßenbelag zwischen Westerland und Hörnum

014 Straße der Höflichkeit – Autor KOLI erzählt

015 Fahrt durch Hörnum

019 Kurzgeschichte aus SONDERDEZERNAT HÖRNUM 1 „Die Gründung"

023 Fahrt durch die Whiskymeile

033 Kurzgeschichte aus SONDERDEZERNAT HÖRNUM 1 „Inseldiamanten"

036 Fahrt durch Wenningstedt

052 Kurzgeschichte aus SONDERDEZERNAT HÖRNUM 1 „Annas Fall"

055 Fahrt nach List

068 Kindergeschichten „Unser Sylter Strandkobold Fitus"

077 Aus dem Fitus-Weihnachts-Kinderbuch „Der Geist der Weihnacht"

082 Uwe Düne

086 Ellenbogen

090 Das alte Wappen von Tinnum – Autor KOLI erzählt

092 Science-Fiction „Sylt im Jahr 2495"

121 Geheimtipp für Pommes, Currywurst & Co.

Der Lister Markt eröffnet in der Saison 2017.

Es wird ein attraktives, überdachtes Shopping-Center mit Einzelhandel, Nahversorgung, Gastronomie und kostenlosen Parkplätzen.

„Neue Männer braucht das Land!" – Das Boot und die Mannschaft wurden im Mai erneuert. Ab sofort begrüßt wieder ein Eisboot am Ortseingang alle Ankömmlinge. 20 Jahre lang hatte das Vorgänger-Modell den Ortseingang geschmückt, dann musste es aufgrund des maroden Zustands abgebaut werden. Vier Monate lang wurde das historische Fischerboot aus Norwegen in der Halle von Landwirt Jens-Uwe Petersen aufgearbeitet und schließlich an seinem Bestimmungsort platziert. Fünf Figuren in Fischerhemden und Regenhosen erinnern samt ihren Rudern an jene Ära vor dem Dammbau, als die Eisbootfahrer in strengen Wintern Lebensmittel, Medikamente und Post bei mühseligen Touren vom Festland abholten. Eine Transporttruhe und ein Proviantfass komplettieren die Ausstattung des etwa sechs Meter langen Boots, das mit Eisschollen gleichenden Styroporplatten unterlegt ist. Einen zusätzlichen optischen Akzent setzt die Strandhafer-Bepflanzung, während eine Infotafel den historischen Kontext erläutert. Sylter Rundschau

Neuer Straßenbelag zwischen Westerland und Hörnum

Ein neuer Straßenbelag wird zwischen Westerland und Hörnum aufgetragen. Das führt zu Verkehrsbehinderungen auf der ehemaligen „Straße der Höflichkeit".

Da könnte man auch einmal das AQUARIUM besuchen!

Autor KOLI aus Tinnum erinnert sich:

Die Inselbahn war bis 1935 die einzige Verbindung zwischen Rantum und Hörnum. Alle Lebensmittel, Post usw. wurden so nach Hörnum gebracht.

Danach erhielt Hörnum einen Anschluss an das Straßennetz. Diese Straße war Einspurig und bestand aus Betonplatten. Man kann sich das wie eine Fahrt über die alte Panzerstraße in List vorstellen.

Es gab nur alle 200 Meter Ausweichbuchten. Oft musste rückwärts zurückgesetzt werden. Nicht selten landete ein Fahrzeug auch im Sand und musste herausgeschleppt werden.

1961 wiesen dann hohe Stangen auf diese Ausweichbuchten hin. Die Fahrer nickten zum Dank oder winkten dem Wartenden zu. Daher der Name „Straße der Höflichkeit". Als 1970 die Inselbahn verschwand wurde die Strecke zweispurig ausgebaut.

# Fahrt nach Hörnum

# SONDERDEZERNAT H 1 – Die Gründung

Seinen Colt trug er locker im Halfter. Den Hut trug er tief ins Gesicht gezogen. Der lässige Gang dazu. Und jeden Morgen stieg er in die riesige, schnaufende Eisenbahn, um ins Sheriff Office zu kommen. Genau so stellte sich der 8 jährige Martin den Job seines Vaters vor… genau so!

Nun, so war der Beruf von Kriminalhauptmeister Werner Feddersen nun wirklich nicht, ganz im Gegenteil. Familie Feddersen wohnte in Hörnum auf Sylt. Zurzeit taten zwei Polizeibeamte in der Dienststelle Süd ihren Dienst. Es war Anfang der 1960'er Jahre. Jeden Tag fuhr Kriminalhauptmeister Feddersen mit der Sylter-Inselbahn bis Westerland, in der dortigen Dienststelle wurden Neuigkeiten ausgetauscht. Von dort ging es dann weiter bis nach List. Wenn Kriminalhauptmeister Feddersen dann endlich wieder bei seiner Familie war, waren die Stiefel und die Uniform vollkommen sandig. Seine Browning HP ließ er meist verschlossen im Waffenschrank zu Hause. Seine Frau Sabine brachte zunächst einmal die komplette Dienstkleidung wieder in Ordnung, während ihr Mann das Mittagessen verschlang und auf die vielen Fragen seines Sohnes eingehen musste. „Papa, musstest du heute deine Waffe benutzen? Wie weit schießt eigentlich so eine Browning? Und was heißt HP?", Martin war jeden Tag von diesem Beruf beeindruckt und vom Vater sehr fasziniert. „Nein Sohn, auch heute waren alle auf der Insel so brav wie du. Da musste ich weder jemanden verhaften, noch einsperren. Und das Schießeisen sollte man am besten nie benutzen. Das HP bedeutet übrigens High Power.", antwortete der Vater. „Ja, High Power kenne ich aus meinen Batman-Heften. Und so eine Kanone hat mein Vater auch." Stolz machte sich Martin auf in sein Zimmer um in seinen Comic-Heften zu lesen.

„War es wirklich ein ruhiger Tag?", fragte Sabine. „Eigentlich schon, Schatz. Ich telefonierte heute mit Hans in NRW. Er fragte mich, ob ich mit dem Schießeisen gut auskommen würde, dabei habe ich doch noch gar nicht damit geschossen.", lachte Werner. „Hoffentlich stellt man unserer Dienststelle bald einen Dienstwagen zu Verfügung. Demnächst sind auch Aufgaben auf dem Festland zu erledigen.", so Werner weiter.

Werner und Hans Schemberg, mit dem heute telefoniert wurde, kennen sich aus dem zweiten Weltkrieg. Beide sind jetzt 42 Jahre alt und dienten auf dem Schlachtschiff Tierpitz. Beide hatten das große Glück, ausgerechnet an dem Tag, als die Tierpitz 1944 im Krieg versenkt worden ist, an Land gewesen zu sein. Hans Schemberg ging dann zur Polizei in NRW und Werner trieb es durch die Liebe in den Norden. Freunde sind sie ein Leben lang und werden es nach den Erlebnissen immer bleiben.

Was Werner seiner Frau nicht sagte, dass es immer mehr Schmuggler an den Häfen gab. Ein Polizeibeamter wurde in List gestern Abend zusammengeschlagen. Die vier Dienststellenleiter von Hörnum, List, Keitum und Westerland trafen sich daher öfter, um über eine bessere Koordination und ein schnelleres Eingreifen zu diskutieren. Beim

nächsten Treffen wurde auch der Dienstleiter der Wasserschutzpolizei von Schleswig-Holstein eingeladen.

Der Alltag von Kriminalhauptmeister Feddersen war also doch eher trist bis Anfang der 1960'er Jahre. Dann kam der große Boom auf die Insel, damit auch ganz neue Probleme. Am Morgen des 6. Juni 1964 wurde Kriminalhauptmeister Feddersen zu einem Tatort in Tinnum gerufen. Übrigens hatte der Kommissar nun seinen ersten Dienstwagen, einen VW Käfer. Ein Urlauber wurde durch einen viel zu schnell fahrenden Wagen angefahren. Leider überlebte der Urlauber nicht. Alle warteten auf Kriminalhauptmeister Feddersen. „Moin, Herr Kriminalhauptmeister. Können wir den Toten abholen lassen?", fragte ein Beamter der Dienststelle Westerland. „Ich will erst noch einen Blick werfen.", entgegnete Feddersen. Der Mann wurde auf dem Bürgersteig erwischt. War es Alkohol am Steuer? Es gab keine Bremsspuren. Der Bordstein war beschädigt. Kriminalhauptmeister Feddersen fiel weiterhin auf, dass die Armbanduhr des Toten blaue Lackspuren aufwies. „Lagebesprechung in der Dienststelle.", ordnete Feddersen an. „Was haben wir? Fahrerflucht. Einen Lacksplitter in Blaumetallic. Seitdem Sylt boomt ist hier die Hölle los. Alkohol am Steuer. Geschwindigkeitsüberhöhung. Einbrüche und unser Schmuggelproblem.", fasste Kriminalhauptmeister Feddersen zusammen. „Wir müssen uns zusammenschließen, auch mit der Wasserschutzpolizei. Lasst uns ein Dezernat gründen und beantragen.", so Feddersen weiter. „Dann brauchen wir ein Morddezernat, ein Umweltdezernat, ein Schmuggeldezernat...!", sagte ein Kollege. „Halt, halt, Jürgen! Machen wir es kurz", schlug Feddersen vor, „ ich dachte dann an ein Sonderdezernat für alle unsere Belange." „Du hattest ja immer schon die Idee und hast dein Hörnum mit dem Hafen gut im Griff. Dann schlage ich Sonderdezernat H1 vor. H wie Hörnum.", sagte Kriminalobermeister Gerd Hamelau aus List. Alle waren sich darüber einig und einigten sich auch, auf Kriminalhauptmeister Feddersen als Dezernatsleiter.

Einige Tage später fuhren Sabine und Werner Feddersen zum Essen nach Westerland. Danach gab es noch ein gutes Glas Wein in Kampen. Hier war ordentlich etwas los. Schicke und teure Autos, Champagner, ein Outfit eleganter als das andere. An der Bar bestellten beide ein Glas Wein und freuen sich auf das neu gegründete Sonderdezernat H1. Aber so richtig freuten sich die Eheleute nicht in dieser Umgebung. „Werner, lass' uns gleich nach Hause fahren, das ist doch nicht unser Ding hier.", sagte Sabine. „Du hast Recht, nehmen wir lieber gemütlich noch ein Glas Wein bei uns, mein Schatz.", so Werner. „Aber warte einmal, ich habe da etwas bemerkt, gehe bitte schon zu unserem Auto."

Sabine verlässt die Bar, Werner bezahlt und geht dann auf einen Mann zu, der sich eine Zigarre mit einem Hundertmarkschein anzündet. „Moin, Kriminalhauptmeister Feddersen, Kripo Sylt." „Was ist los, ist das etwa verboten?", motzt der Gast. „Nein, aber ich rieche Heroin. Gegen das Verbrennen von ihrem Geld ist nichts einzuwenden. Weisen sie sich bitte aus.", so der Kriminalhauptmeister. „Hab' jetzt nichts dabei, alles im Porsche.", schnauzte der Mann. „Dann gehen wir jetzt zu ihrem Wagen.", ordnet Feddersen an.

Am Porsche 911 angekommen, öffnete der Mann seinen Kofferraum vorne und griff nach seiner Jacke. „Was ist das denn? Hat ihnen die blaue Farbe ihres nagelneuen Porsche nicht gefallen?", staunte der Kommissar. Er sieht, dass der Kofferraum in Blaumetallic lackiert war, während der Lack außen in Viperngrünmetallic ist. „So ist es, war eine Scheißfarbe.", lallt der Mann, der anhand seiner Papiere Detlef Kofner heißt. Kommissar Feddersen schaute sich den Porsche nun ganz genau an. „Mmm, Stahlfelgen auf diesem Porsche, gehören da nicht diese neuen Fuchsfelgen drauf?" Feddersen ließ Detlef Kofner abführen. Zum einen konnte er nicht mehr mit seinem Auto wegen des Alkoholkonsums fahren. Zum anderen wegen Verdachts auf Tötung eines Fußgängers mit Fahrerflucht.

Nun ging alles sehr schnell. Beamte in Keitum fanden die Lackiererei in der der Porsche umlackiert wurde. Die Fuchsfelgen standen auch noch in der Halle. Eine Felge hatte eine schwere Beschädigung. So nahm alles seinen Lauf.

Und was Porsche angeht, Kriminalhauptmeister Feddersen musste nun öfter als Sonderdezernatsleiter aufs Festland und fährt nun einen Porsche 356, mit Blaulicht natürlich.

# Eine Fahrt in Bildern durch die Whiskymeile in Kampen

# Inseldiamanten

Es war kein Blitzüberfall in Kampen. Nicht einmal eben mit der Knarre rein, Geld raus und abhauen. Von der Insel kommt niemand unerkannt. Schon gar nicht in den 1970'er Jahren. Außerdem kannte Kriminalhauptmeister Werner Feddersen alle. Also so ging es nicht. Die 5 Männer haben sich wirklich gut vorbereitet. Sie wussten auch, was Feddersen für ein harter Hund war. Also musste es eine perfekte Vorbereitung sein. Im Sommer kamen also 5 Männer getrennt auf die Insel. Mit Bahn und Auto, getarnt als Urlauber. Der Eine mit Koffer, der Andere mit Rucksack, sogar mit einem alten Kinderwagen. Am Strand von Westerland bereiteten sie ihren Coup gründlich vor.

Zunächst kundschafteten sie alle Juweliere auf der Insel aus. Wie waren die Türen gesichert, wie viele Angestellte gab es, wie waren die Geschäftszeiten, und so weiter. Fündig wurden sie bei Theo Müller in Kampen. Juwelier Müller war auch Goldschmiedemeister. Er fertigte viele schöne Schmuckstücke aus Gold für seine Kundschaft ganz individuell an. Da kam es nicht auf einen Tausender an. Hauptsache von der Insel sollte es sein. Theo Müller hatte immer eine gute Reserve Feingold auf Lager.

Außerdem wurden die Männer noch in Westerland fündig. Sie studierten auch dort die Alarmanlage und die Schlösser.

Als nächstes mieteten die 5 Männer ein Ladenlokal in Westerland. Viel Werbung wurde betrieben, um auf das neue Geschäft aufmerksam zu machen. In großen Buchstaben stand der Name über dem Geschäft:
AUKTIONSHAUS & ANTIQUITÄTEN BERND HASEN

Nun organisierten sie zur Neueröffnung in 3 Wochen eine Verlosung. Lose wurden gedruckt, Plakate aufgehängt und sie selbst verteilten die Lose bei den Geschäftsleuten. Natürlich könnte man sie jetzt erkennen. Aber der Name Bernd Hasen kommt nicht von ungefähr. Die Männer traten natürlich im Hasen-Kostüm auf.

Wie konnte man es sich anders denken, die großen Hauptgewinne viele auf beide Juwelier-Geschäfte. Die Hauptgewinne waren ein Urlaub in den Bergen vom 22.12. bis zum 2.1. des Jahres. Die Geschäftsleute waren überglücklich... endlich einmal Urlaub über die Feiertage.

Verkleidet als Sicherheitstechniker besuchten sie die Juweliere, um die Alarmanlagen zu kontrollieren. Außerdem boten sie den Geschäftsleuten an, für nur 80 Mark eine tägliche Kontrolle durchzuführen. Das war natürlich ein Schnäppchen, sowie eine totsichere Absicherung.

Der Tag der Abreise kam. Mit einem Magnet simulierten die Ganoven nun einen Fehlalarm. Die Alarmanlage konnte daher nicht eingeschaltet werden. „Was soll ich jetzt nur machen? In 2 Stunden geht der Autozug aufs Festland.", fragte Theo Müller aufgeregt am Telefon. „Machen sie sich keine Sorgen, Herr Müller. Unsere Wachleute und der Techniker sind in etwa 3 Stunden bei ihnen. Wenn sie am Urlaubsort angekommen sind, werden sie von der Rezeption informiert, dass alles in Ordnung ist."

Alles nahm seinen Lauf. Mühelos waren die 5 Ganoven im Kampener Geschäft. Aus allen Schmuckstücken wurden nun die Brillanten herausgehebelt. Sie wurden in Muschelschalen gelegt und mit Wachs übergossen. Das Gold schmolzen die Ganoven und gossen es in Metallreservekanister. Jetzt ging es nach Westerland. Hier folgten die gleichen trainierten Handgriffe. Brillanten raus... Muschelschalen mit Brillanten und Wachs füllen... Gold schmelzen... Benzin-Kanister ins Auto bringen und nix wie weg.

Irgendwie hatte Theo Müller doch ein ungutes Gefühl. Gerade deswegen, weil er seine Konkurrenz aus Westerland ebenfalls am Hamburger Flughafen traf. „Meine Alarmanlage ist ausgefallen.", sagte er. „Meine auch.", sagte sie. Vom Flughafen aus rief Theo Müller sogleich in Hörnum an: „Hallo. Hier Müller, Theo Müller. Bitte Herrn Kriminalhauptmeister Feddersen bitte. ... Werner, hier Theo. Bitte überprüfe einmal mein Ladenlokal und das von Gerda Kolrep in Westerland. Wir haben einen schlimmen Verdacht."

Sofort machte sich Kriminalhauptmeister Werner Feddersen mit seinen Kollegen auf den Weg. Natürlich stellten sie sofort den Einbruch fest. „Hier liegen jede Menge Muschelschalen im Papierkorb, Chef. Sie sind mit Wachs gefüllt. Was sollte das werden? Konnte hier vor der Abreise keiner putzen?", fragte Polizeibeamter Dirk Nolte. Kriminalobermeister Hamelau schaute Werner Feddersen an und sagte: „Mensch Werner, die haben die Brillis in die Muscheln eingewachst." Kriminalhauptmeister Werner Feddersen reagierte sofort. Er schnappte sich das Funkgerät: „Achtung! Großeinsatz! Lasst sofort den Autozug und die Fähre sperren. Niemand kommt von der Insel! Alle verfügbaren Kräfte teilen sich auf."

Feddersen nahm sich den Autozug vor. Gerd Hamelau fuhr sofort nach List zur Fähre. Feddersen schaute rein zufällig auf einen Ford Transit. „Der ist ja echt sportlich tiefergelegt. Den überprüfen wir zuerst." Und tatsächlich standen Kisten mit Muscheln und jede Menge Benzin-Kanister im Laderaum.

Ja, Kriminalhauptmeister Werner Feddersen bekam sie alle... niemand kommt unbemerkt von der Insel Sylt runter.

# Eine Fahrt durch Wenningstedt

## Annas Fall

Wenn ich mich noch nicht vorgestellt habe, so tu ich es hiermit. Ich heiße Anna Feddersen, bin 30 Jahre jung und trete das Erbe meines Großvaters und Vaters an. Ich habe vor kurzem das Sonderdezernat H1 übernommen. Nun lasse ich die Herren Kollegen nach meiner Pfeife tanzen. Natürlich so, dass sie es nicht merken. Rene Brandt hat sich unsterblich in mich verguckt. Ich hatte es sehr früh gemerkt, aber mir nichts anmerken lassen. Hatte mich einfach blöd gestellt. Jedenfalls sind wir nun ein Paar. Rene ist wieder ledig. Seitdem er von seiner Frau geschieden ist, hat er nur Ärger mit dieser Schnepfe. Sie will immer mehr, obwohl sie ihn schon nackt ausgezogen hat. Rene ist ein toller Mann und hat so einen Scheiß nicht verdient. Den letzten Fall, den ich bearbeiten musste, bevor ich meinen ersten Urlaub antreten konnte, war folgender: Marion Hinrichsen ist hier aus Hörnum. Sie kam an diesem Tag aufgelöst und weinerlich in das Kommissariat und meldete ihren fünf Jahre alten kleinen Sohn als vermisst an. Er war, laut ihrer Aussage, schon über einen Tag verschwunden. Wenn ich gewusst hätte, dass diese Frau eine notorische Lügnerin und Psychopathin ist, hätte ich mich auf diesen Fall nicht eingelassen. Wir machten uns mit einem riesigen Aufgebot von Polizisten auf den Weg um das Kind zu suchen und fanden ihn nicht.

Das ging tagelang so. Suchmeldungen und Plakate gingen über die ganze Insel. Nichts. Langsam hatte ich, so traurig es klingen mag, die Schnauze voll, denn ich traute dieser Frau nicht. Meine Menschenkenntnis war so groß, dass ich wenig später bestätigt bekam, was ich vermutete. Was wollte diese Hinrichsen? Was bezweckte sie mit dieser Aktion? Wo war der Junge? Ich glaubte nicht an eine Entführung. Sie behauptete, dass ihr geschiedener Mann etwas mit dem Verschwinden des Kindes zu tun hätte. Sie meinte auch, dass Olaf Hinrichsen, der Vater des kleinen Jungen, seine Finger da mit drin habe. Unglaublich. Der Fall wurde immer eigenartiger. Olaf Hinrichsen wurde von der örtlichen Kripo aufgesucht. Er wohnt am Ellenbogen der Insel. Tja, Olaf war ein liebevoller Vater, der sich immer gut um seinen Sohn kümmerte. Seine Nachbarn bestätigten dies. Hinrichsen hatte mit der Sache nichts zu tun, dass stand fest. Die Aufregung wuchs und wuchs. Olaf Hinrichsen kam ins Kommissariat und wollte helfen seinen Sohn zu finden. Hinrichsen ließ durchblicken, dass er seiner Frau nicht traue, denn sie wäre ganz schön sauer auf ihn. Olaf konnte ihr einfach nicht die Liebe geben, die sie von ihm erwartete, denn die Gefühle für diese Frau waren recht schnell abgekühlt. Oft behandelte sie das Kind ungerecht und schlug ihn. Olaf wollte das Sorgerecht für sich selbst beantragen, hatte aber kein Glück. Man glaubte nur Marion. Sie war die Mutter und das Kind sollte bei ihr bleiben. Marion Hinrichsen blieb jedenfalls dabei, dass ihr geschiedener Mann etwas mit dem Verschwinden des Kleinen zu tun habe. Nun gut, eines Morgens machten wir uns auf den Weg zur Wohnung von Marion Hinrichsen. Mir schwante etwas Schlimmes. Dort angekommen, stellten wir fest, dass diese Frau in einem tollen Reihenhaus lebte. Olaf hatte es ihr und dem Jungen überlassen. Geld hatte er genug. Er verdiente Millionen mit seinen Unternehmungen. Er vermietete für viel Geld Baumaschinen an Firmen, denn gebaut wird auf Sylt ständig. Rene, Thomas, Olaf und meine Wenigkeit, standen nun vor der Tür. Ich hatte ein komisches Gefühl und es sollte mich auch nicht täuschen.

Einen Summton vernahmen alle, nein, es war ein Wimmern. Vielleicht von einer Katze? Olaf Hinrichsen erkannte sofort, dass es sich um die Stimme von seinem kleinen Jungen handelte. Wir klingelten. Nach einer Weile öffnete Marion. Diese dummdreiste Person fragte uns auch noch, was wir denn wollten und was ihr geschiedener Mann hier zu suchen hätte. Dieses Luder behauptete auch noch, dass Olaf ihren Sohn schon des Öfteren entführt hätte. Er solle doch gefälligst ihren Sohn zurückbringen. Das schlägt doch wohl dem Fass den Boden aus, oder? Wir stießen diese völlig kranke Frau zur Seite und bahnten uns einen Weg in Richtung Keller. Das Weinen des Kindes wurde immer lauter und eindringlicher. Olaf forderte seinen Sohn auf, durchzuhalten, er wäre sofort da. Ein riesiger, kalter Keller mit mehreren kleinen Räumen war zu sehen. In einem dieser Räume saß das Kind. An Händen und Füssen festgebunden. Nur mit einem dünnen Hemdchen bekleidet. Er weinte jämmerlich. Olaf Hinrichsen löste sofort seine Fesseln und nahm ihn ganz sacht in den Arm. Er versprach dem Jungen, dass nun alles gut würde und er nie mehr Angst haben müsse. Sein kleiner Körper war auch noch mit roten Striemen übersät. Es stellte sich später heraus, dass der kleine Junge schon jahrelang diese Qualen ertragen musste.

Weil Marion Hinrichsen sich von ihrem Mann nicht geliebt fühlte, ließ sie diesen Frust krankhafter Weise an dem armen Kind ab. Wenn Olaf an seinem Besuchswochenende seinen Jungen abholte, wurde ihm immer gesagt, dass das Kind sich wieder geprügelt habe. Dem Kleinen wurde verboten ein Wort darüber zu sagen, wenn ihn seine Mutter wieder einmal quälte. Aber Olaf hatte schon immer den Verdacht, dass da etwas nicht stimmte. Nun, was soll ich sagen, der Junge kam, nachdem der Vater das alleinige Sorgerecht beantragte, für immer zu ihm. Dies versuchte er in der Vergangenheit schon öfter, doch man gab immer der Mutter den Vorzug. Marion Hinrichsen wurde in die Psychiatrie eingeliefert und muss danach noch ins Gefängnis. Hoffentlich kommt sie nie wieder frei.

Ach ja, bevor ich es vergesse. Nachdem ich aus dem Urlaub wieder da war, haben Rene und ich uns verlobt. Beim Fischessen überreichte er mir einen tollen Ring. Nun hab ich ihn für immer an der Backe aber ich liebe ihn eben.

An dieser Stelle möchten wir auf folgende Bücher aufmerksam machen:

# Mein Blutdruck-Tagebuch

| Wochentag | Datum | Uhrzeit | Blutdruck | Puls |
|---|---|---|---|---|
| Montag | 6.5.2016 | 8.15 Uhr | 121 / 80 | 78 |
| Montag | 6.5.2016 | 11.30 Uhr | 120 / 81 | 77 |

Renate Sültz
Uwe H. Sültz

Das Schweinchen Klecks
und andere Kindergeschichten

ISBN 978-3-95744-286-4

## Unsere Kinderbücher.

Fitus, der Sylter
Strandkobold

ISBN 978-3-95744-758-6

Fitus, der Sylter
Strandkobold
Gute-Nacht-Geschichten

ISBN 978-3-73922-001-7

# Unsere Notizbücher

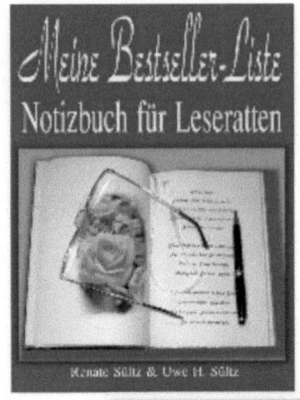

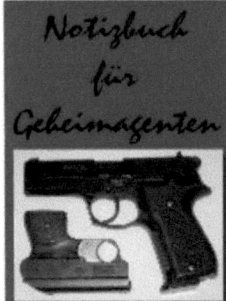

## UNSer TageBUCH, TeLeFoNBUCH UNd GeBUrtStagSKaLeNder

**KUrzgeSCHiCHteN Für EiLige**

Hier nun zwei Kindergeschichten unseres Sylter Strandkobolds Fitus:

## Moin, Moin

Fitus, unser Sylter Strandkobold, wird von allen Kindern gesehen, sogar von wenigen Tieren. Das liegt wohl daran, dass es Tiere sind, die seit Generationen auf der Insel leben.

Es ist ein herrlicher Morgen auf Sylt. Fitus schläft in einem Strandkorb am Strand von Westerland. Mit einem fröhlichen „Moin, Kinder" und „Moin, Sylt" beginnt er diesen Sonnentag. Heute will er einen Wandertag über die Insel von West nach Ost machen. Seine alte Milchkanne nimmt Fitus mit, denn er hat großen Durst und Lust, von der Sylter Milch zu trinken. Von Westerland startet Fitus in Richtung Osten und kommt schnell in Tinnum an. Mit einem „Moin, Kinder!" begrüßt Fitus eine Schulklasse, die heute die alten Häuser in Keitum anschauen will. Keitum war früher der Inselmittelpunkt, hier wohnten viele Kapitäne. Fitus schließt sich der Schulklasse an und pfeift eine uralte

Seemannsmelodie dazu. In Keitum verabschieden sich alle, für Fitus geht es weiter in Richtung Archsum. Hier füllt er seine Milchkanne mit der frischen Sylter Milch. Über die Bauernhöfe wandert er nun in Richtung Morsum. Sein Ziel ist das Morsum-Kliff. Auf der höchsten Stelle setzt sich Fitus wie üblich ins hohe Gras und schaut sich die Autozüge an. Wie Wattwürmer sehen sie aus, dann kommen sie auf dem Hindenburgdamm immer näher und werden immer größer. Nele, Anna und Robin, drei Geschwister aus Berlin, spielen in der Nähe von Fitus. Sie haben ihn noch nicht entdeckt und Fitus ist mit dem Zählen der Autos auf dem Autozug beschäftigt. Plötzlich hustet Anna sehr stark, Fitus wird sofort aufmerksam und läuft zu den Kindern. „Moin, Kinder, was ist passiert?" „Anna ist gefallen und hat Sand verschluckt!", sagt Robin ganz aufgeregt. „Gut, dass ich meine Milchkanne dabeihabe. Trink das, Anna!", sagt Fitus. Drei, vier große Schlucke und alles ist überstanden. Fitus erzählt den Kindern noch von der Insel, bevor sie sich alle verabschieden. Fitus geht am Watt entlang wieder zurück. Er kommt an der Keitumer Kirche St. Severin vorbei, in Munkmarsch besucht er noch den Hafen, dann geht es über Braderup zurück in die Dünenlandschaft auf dem Roten Kliff. Es war ein herrlicher Tag und morgen beginnt ein neuer …

## Fitus und die Kuh Elsa

Es war ein ganz sonniger Tag auf der Insel Sylt. Die Kühe hatten großen Spaß auf den Wiesen in Morsum. Es gab genug zu essen und zu trinken. Danach ein Nickerchen, dachten sich viele Kühe. Die Kuh Elsa lag ganz nah am Hindenburgdamm. Der Hindenburgdamm verbindet die Insel Sylt mit dem Festland. Die Personenzüge und die Autozüge fahren hin und her und her und hin. Gegen Abend rief die Kühe dann der Bauer. „Nach einem so schönen Tag geben meine Kühe morgen bestimmt die leckerste Sylt-Milch.", sagte der Bauer fröhlich. Aber der Bauer bemerkte nicht, dass eine Kuh fehlte. Die Kuh Elsa lag im hohen Gras und schlief. Es störte sie nicht im Geringsten, dass die Züge vorbeifuhren. Aber es wurde doch schon dunkel. Unser Sylter Strandkobold verbrachte den Tag am Morsum-Kliff. Er schaute den Zügen noch nach. „Oh, so viele Gäste kommen wieder auf die Insel.", sagte Fitus. „Nanu, wer schnarcht denn da so laut?", fragte sich der Kobold. Er schlich durchs hohe Gras und sah die Kuh Elsa. „Elsa! Jetzt aber ab nach Hause! Komm', ich begleite dich!", rief Fitus. „Oh, danke Fitus. Ich habe ganz fest geschlafen.", sagte Elsa. Beide gingen vergnügt zum Bauernhof. Fitus verabschiedete sich und lief dann in einen Strandkorb am Strand von Westerland.

Zu Weihnachten gibt es eine Weihnachtsausgabe von Fitus. Hier nun eine Geschichte daraus:

Der Geist der Weihnacht.

„Schon wieder ist fast ein Jahr zu Ende.", dachte der Sylter Strandkobold Fitus, als er so an den toll geschmückten Schaufenstern vorbei lief. Er konnte sich noch genau an die Erlebnisse seiner letzten Weihnachtstour erinnern. Im letzten Jahr traf er einige Freunde von Schweinchen Klecks hier auf der Insel.

Aber bald wird er Klecks, Roger und die anderen Freunde wiedersehen. Fitus war oft müde in der letzten Zeit. Obwohl er ja eigentlich alterslos war, machten ihm doch die Aufgaben, die er zu erfüllen hatte zu schaffen. Es liegt wohl daran, dass es mehr Menschen gibt hier auf Sylt. Ständig muss er einschreiten und zur Stelle sein. Aber heute möchte Fitus den Tag genießen. Die Vorfreude auf Weihnachten hat auch den Kobold gepackt.

Er hatte mal wieder Lust auf die Uwe Düne zu steigen. Sicher konnte er sich dort hinauf zaubern, jedoch tat ein bisschen Bewegung seinen müden Knochen gut. An der Düne angekommen, fing es an dunkel zu werden. Doch Fitus wollte unbedingt noch dort herauf klettern. Als er endlich oben angelangt war, setzte er sich erst einmal auf eine Treppenstufe um auszuruhen.

Plötzlich hörte er ein eigenartiges Raunen und Schluchzen. Es hörte nicht auf und wurde immer lauter. „Was war das?", dachte der Kobold. Dann antwortete eine Stimme: „Ich bin der Geist der Weihnacht, aber man kann mich nicht sehen, nur in seinem Herzen fühlen." „Ich kenne dich, du bist Tanniek, der Weihnachtsgeist.", sagte der Kobold. „Aber warum weinst du denn?", wollte Fitus wissen. Der Geist erzählte dem Kobold, dass er sich hier auf die Uwe Düne begeben hatte, um über sich und das Weihnachtsfest nachzudenken. Weiter sagte er: „Es ist nicht mehr so schön, wie es einst war. Die Kinder freuen sich nur noch, wenn sie viel geschenkt bekommen und die Erwachsenen hetzen und hetzen in der Vorweihnachtszeit. „Was habe ich denn nur falsch gemacht.", grübelte Tanniek. Er sagte: „Gut, dass du da bist, lieber Fitus. Vielleicht kannst du mir helfen etwas daran zu ändern."

„Ja, lass mich mal nachdenken.", antwortete der Kobold. „Weißt du was wir machen werden, mein Freund, wir stellen hier einen riesigen Weihnachtsbaum auf die Plattform und lassen ihn am Heiligen Abend hell erstrahlen.", erzählte er voller Freude auf das Ereignis. „Das Licht wird auf der ganzen Insel zu sehen sein und die Menschen in den Bann ziehen. Zuzüglich lassen wir die schönsten Weihnachtslieder erklingen.", erzählte Fitus weiter. Der Kobold war so begeistert von seiner Idee, dass er Tanniek direkt wieder in gute Laune versetzte.

Fitus sprach weiter: „Du wirst sehen Tanniek, dass die Menschen doch noch wissen, warum wir dieses Fest feiern." Bald nahte der Heilige Abend heran und pünktlich nach Anbruch der Dunkelheit erstrahlte der riesige Baum in seiner ganzen Pracht, hoch oben auf der Uwe Düne. Wie von einem Magnet angezogen pilgerten alle Bewohner der Insel Sylt zur Düne. Andächtig stiegen sie die Stufen hinauf und blieben vor dem prachtvollen Baum stehen und staunten. Unaufgefordert nahmen sich alle an die Hand und sangen kräftig Weihnachtslieder in voller Lautstärke. Alle waren glücklich und zufrieden. Tanniek, der Weihnachtsgeist, bedankte sich bei seinem Freund Fitus und sagte: „Fitus, ich habe nun erkannt, dass die Menschen doch nicht so sind, wie ich sie eingeschätzt habe. Ich irrte mich, habe gemerkt, dass sie sich doch freuen können und wissen was Weihnachten bedeutet." Fitus war zufrieden, aber in Gedanken war er schon bei Schweinchen Klecks und seinen Freunden.

Und demnächst erscheint noch das Kinderbuch von Schweinchen Klecks und Fitus zusammen!

# Am Ellenbogen

Koli zeigt uns das alte Wappen der Gemeinde Sylt-Ost.

**„Entworfen von Hubertus Jesse.**

**Es zeigt einen Hering, die Sonne und 5 Sterne.**

**In der oberen Hälfte ist das Wappen in Gold, unten in Blau.**

**Die Sonne erinnert an die Sonnenaufgänge über dem Wattenmeer.**

**Die fünf Sterne stehen für die Teilgemeinden Keitum, Tinnum, Archsum, Morsum und Munkmarsch.**

**Der Hering wurde als Siegel von der Sylter Landvogtei bereits im 17. Jahrhundert geführt.**

**Alles ist in den alten friesischen Farben gehalten.**

**Das Wappen war bis Ende 2008 gültig, danach schlossen sich die Gemeinden Sylt-Ost und Rantum mit Westerland zu einer neuen Gemeinde zusammen.", so KOLI**

## Zum Schluss gibt es noch die Science-Fiction-Geschichte SYLT IM JAHR 2495

## Texitron-Strahlen bedrohen die Erde

Wir schreiben das Jahr 2495. Die Insel Sylt ist lange schon gerettet. Das Weltklima ist konstant. Sand wird über unterirdische Kanäle vom Festland aus auf die Insel gepumpt. Mittlerweile ist der Hindenburgdamm vierspurig. Die Insel ist breiter geworden. Sylt hat die nördlichsten Start- und Landeplätze in Deutschland für Raumschiffe. Am Strand von Westerland sieht man die Hüter des Gesetzes, die Star-Marshals, beim Sonnen. Das war vor ein paar Wochen noch nicht so.

### Rückblick:

Nun wurde endlich das lang geheim gehaltene Projekt „Hanger X1" eingeweiht. Mittlerweile existieren 9 Raumschiffbasen um Sylt herum. Laut den Geschichtsbüchern plädierte das Wissenschaftspaar Dr. Lydia und Dr. Sven Thorsten bereits 2027 dafür, vor Sylt Start- und Landeplätze für zukünftige Raumschiffe zu errichten. Beide waren maßgeblich an der Entwicklung eines ersten Raumschiffs beteiligt. Das Raumschiff EUROPA 1 flog regelmäßig zur Mondkolonie. Die Kinder des Ehepaares Thorsten waren genauso erfolgreich mit den Raumschiffen EUROPA 2 und UNION 100. Dieser rote Faden zog sich durch die gesamte Familiengeschichte der Familie Thorsten. Sie waren es auch, die mit Hilfe von Sponsoren ein kleines Unterwasserforschungslabor erbauten. Nach den ersten Erfolgen schalteten sich alle Nationen ein und unterstützten das Projekt. Heute ist HANGER X1 eine Raumschifffertigungshalle und liegt vor Westerland.

General Jackson flog extra vom Mars zur Erde, um das neue Raumschiff GALAXY einzuweihen. Noch lag es unter der Meeresoberfläche im HANGER X1. Die letzten Raumschiffe starteten zu ihren Missionen. Ankommende Raumschiffe landeten auf einer der vor Sylt gelegenen Raumschiffbasen. Langsam wurde HANGER X1 geflutet. „Es wird drei Stunden dauern, bis HANGER X1 komplett geflutet ist, General.", sagte der verantwortliche Ingenieur zu General Jackson. „Ich danke ihnen. Dann werde ich mit den Marshals im Restaurant SEEKÖNIG in Westerland noch einmal die Feierlichkeiten besprechen.", antwortete der General.

Im Restaurant unterhielten sich die Marshals mit dem General über die Entwicklung der Insel Sylt. Allen fiel auf, nachdem sie die Geschichte der Insel studiert hatten, dass das Ehepaar Lydia und Sven Thorsten maßgeblich daran beteiligt waren, dass Sylt heute so aussieht, wie es aussieht. Viel wurde für den Küstenschutz geleistet. Durch riesige Röhren wird ständig Sand vom Festland aus auf die Insel gepumpt. Sylt besitzt mittlerweile 9 Start- und Landetürme für Raumschiffe. Die Insel ist immer noch das Aushängeschild für etwas ganz Besonderes. War es in den 1970'er Jahren die berühmte Whiskey-Meile, so ist Sylt heute Vorreiter für Raumschiff-Technik. Und dazu hat die Familie Thorsten über Generationen hinweg mitgewirkt, wenn nicht gar alles gelenkt. Sie waren es auch, die frühzeitig vor Meteoriteneinschlägen in der Zukunft gewarnt haben. Und heute ist es nun so weit, das Raumschiff GALAXY wird in knapp 3 Stunden starten, um die ersten Asteroiden abzufangen. In den nächsten 15 Jahren rechnet man mit etwa 1000 Einschlägen. Anders als die STAR-MAR-POLICE-Raumschiffe, ist die GALAXY nicht auf Geschwindigkeit ausgelegt, sondern auf

Feuerkraft. Es war ein Zufall, dass die Ingenieure einen Nebeneffekt des Chromoswellen-Generators gefunden haben. Die Chromoswelle faltet den Raum wie eine Sinuswelle, man nimmt dann einfach den direkten geradlinigen Weg und überbrückt so 1000 Lichtjahre. Man entdeckte nun, wenn der Generator statt auf Welle, auf Strahl gestellt wird, dass Materie pulverisiert wird. Also ideal für ankommende Asteroiden. Trotzdem steht die GALAXY unter dem Kommando der Marshals. Die Marshals werden weiterhin vom Mars Hauptquartier für diese Einsätze beauftragt. Der Grund dafür liegt darin, dass sich hinter jedem Asteroid ein Angreifer verstecken könnte.

Die Raumschiff-Mannschaft wird von Zeit zu Zeit ausgetauscht. Ob Russen, Amerikaner, Dänen, Österreicher... jedes Team ist für die Zerstörung der Asteroiden auf der GALAXY verantwortlich. Das erste Team stellten die Sylter-Ingenieure. Es begleitete sie das STAR-MARSHAL-Team um Greg Gains herum. Immer wieder kamen alle Gesprächsteilnehmer auf das Thema „Marshal Stan Thor und Captain Lydia Gohr" zu sprechen. Beide gelten nach einem Einsatz als verschollen. Sie kamen einem Schwarzen Loch zu nahe. Ob, wo oder wann sie noch leben, niemand weiß es. „Beide erinnern mich sehr an das Ehepaar Thorsten, die ja im Jahr um 1960 hier auf Sylt gelebt haben.", sagte Marshal Korogon. „Reine Spekulation, reine Spekulation.", entgegnete General Jackson. „Das ist richtig. Noch weiß niemand, was passiert, wenn wir uns einem Schwarzen Loch nähern. Gibt es Zeitsprünge? Werden wir ausgelöscht? Vielleicht werden wir es einmal wissen.", warf Marshal Gains ein. Gerade wollten sie weiter sprechen, da verfärbte sich der Himmel blutrot. „General Jackson an Kontrollzentrale Mars B4, bitte melden." Es gab keine Antwort. „Der

Kaffeeautomat funktioniert nicht.", sagte die Bedienung. Die Marshals liefen ins Freie. Der Kaffeeautomat war noch das kleinste Übel, denn nichts funktionierte mehr. Jegliche Elektronik ist total ausgefallen. Die Männer gingen an den Strand. Der Horizont, der Himmel, alles ist blutrot. „Was kann das sein?", fragte Marshal Stark. „Seht her, die Wasserpumpe läuft noch.", so Gains. Er hob sie aus dem Wasser und schon funktionierte sie nicht mehr. „Erinnert ihr euch an den Fall auf dem Planet Stella 9? Wir wurden gerufen. Dort funktionierte keine Elektronik, keine Kommunikation, rein gar nichts. Als wir mit unseren STAR-MAR-Schiffen auf den Planet zuflogen, flohen zwei fremde Raumschiffe ins Nichts. Einfach weg waren sie.", erinnerte sich Korogon. „Stimmt. Die fremde Macht sprach von Texitron-Stahlung. Wenn sich der Planet nicht ergeben würde, so drohte man mit der Zerstörung.", sagte Marshal Fenston.

„Richtig. Es ging um Ausbeutung von Ressourcen.", so Gains. Zu den Männern am Strand kam der General. „Vorschläge! Was können wir tun?", fragte er. „Wir werden versuchen, dass wir auf die GALAXY kommen. Es wird schwierig. HANGER X1 wird noch geflutet. Über den unterirdischen Kanal müssten wir es schaffen. Vielleicht startet das Raumschiff. Wenn nicht, dann weiß ich auch keinen weiteren Weg.", erklärte Marshal Gains. „Okay, dann gebe ich hiermit den Einsatzbefehl RETTUNG DER ERDE!", verkündete General Jackson. Der Eingang des Tunnels liegt zwischen Westerland und Wenningstedt. Die Männer machten sich auf den Weg.

## Was ist passiert?

Es handelte sich tatsächlich um die TEXITRON-Strahlung. Eine Macht aus einer fernen Galaxie versuchte an die

Ressourcen anderer Planeten zu gelangen. Die TEXITRON-Strahlung wurde eigentlich zur Energiegewinnung entwickelt. Aber die Nachkommen der Entwickler nutzten sie für kriegerische Aktionen aus. Wahrscheinlich wurde die Erde schon länger beobachtet, denn auch der Mars wurde mit dieser Strahlung lahmgelegt. Weder vom Mars, noch von der Erde aus, konnten STAR-MAR-POLICE-Raumschiffe starten. 4 fremde Schiffe umkreisen nun die Erde und gaben diese Strahlung ab. Um den Mars kreisten 2 Schiffe. Strategisch sind die fremden Raumschiffe so aufgestellt, dass sie eine Glocke um die Erde aufbauten. Das Raumschiff über Deutschland stand etwa über Berlin. Von dort aus wurde eine Botschaft in verschieden Sprachen gesendet. Wie ein überdimensionaler Lautsprecher, mit einer gewaltigen Lautstärke, wurde verkündet, dass die Führer der Erde ihre Kapitulation zugeben sollten. Die Menschen konnten sich nur noch die Ohren zuhalten. Die Straßen waren menschenleer, jeder brachte sich in Sicherheit. Niemand konnte richtig handeln, niemand richtig denken. Die Lautstärke war beängstigend. In der Zwischenzeit waren die Marshals an Bord der GALAXY. „Gut, dass sie hier sind, Marshal Gains. Wir wussten nicht, ob wir handeln sollten.", sagte der Führungsoffizier Hansen. Alle Plätze der GAKAXY waren besetzt. Jetzt beratschlagten die Marshals ihre weitere Vorgehensweise. „Ich bin der Meinung, dass die Lautstärke größer wird. Das bedeutet, dass ein Schiff näher kommt.", analysierte Marschal Korogon. „Schade, dass wir kein Periskop auf dem Raumschiff haben.", sagte Fenston. Gains drückte den Knopf für Außenansicht und staunte, dass der Außenmonitor funktionierte. „Wie ist das zu erklären?", fragte Gains. Hansen ist der Meinung, dass vielleicht das Meerwasser die Elektronik auf der GALAXY isolieren würde. Alle schauten gespannt auf den Monitor. Sie sahen, wie das fremde Raumschiff die Negrotronen-Erze aus Berlin und Rostock auf ihr Raumschiff transformierten. „Wo liegen die nächsten Negrotronen-Erze?", fragte Marshal Gains. „In Aberdeen.", antwortete Hansen. „Dann fliegt das Raumschiff wahrscheinlich auch über Sylt, um nach Aberdeen zu gelangen. Somit hätten wir nur eine Chance. Sollte es wirklich so sein, dass das Meerwasser isoliert, dann haben wir nur einen Schuss. Sollten wir dann starten können, fliehen wir zunächst einmal in den Raum.", ordnete Marshal Gains an.

Mit Schuss meint Marshal Gains den Chromoswellen-Generator. Ursprünglich wurde er ja dazu entwickelt, um die Raumzeit wie eine Sinuswelle zu falten. Man kann so auf direktem Weg geradlinig hindurchfliegen. Ein Nebenprodukt des Chromoswellen-Generators ist der zerstörerische Strahl, der alles zu Pulver werden lässt. Gerade diese Methode benötigt die GALAXY, um die Asteroiden zu zerstören. Die Berechnungen haben ergeben, dass auch ein ganzer Planet vernichtet werden könnte. „Wir werden wahrscheinlich nur eine kleine Chance haben, wenn überhaupt. Ich denke, dass wir nur einen Schuss haben, wenn das fremde Raumschiff über Sylt fliegt.", vermutet Marshal Greg Gains. Die Vorbereitungen konnten beginnen. Der Navigator der GALAXY berechnete den Kurs des fremden Raumschiffs. Führungsoffizier Hansen bereitete den Chromoswellen-Generator vor und programmierte einen eventuellen Blitzstart in den Weltraum, falls dies überhaupt möglich ist. Die GALAXY wurde noch nie getestet. Dann war auch noch die Frage, ob die Elektronik überhaupt funktionierte. Das Raumschiff lag zwar noch unter Wasser, aber wenn es über Wasser ist, was dann? Die Mannschaft ist natürlich extrem aufgeregt. Auf dem Mars und auf der Erde funktionierte absolut nichts mehr. Da auch die Kommunikation über L-Com zu den anderen 128 Verbündeten in der Milchstraße außer Funktion war, konnten sie nicht helfen. Sie konnten es schließlich nicht wissen. Langsam näherte sich das fremde Raumschiff der Insel Sylt. Die extreme Lautstärke der sich immer wiederholenden Botschaft, die die fremden Raumschiffe aussandten, ließ viele Menschen auf der Erde verzweifeln.

„Es wird eine Art von Psycho-Terror beginnen. Rund um die Uhr diese extreme Lautstärke, dazu noch der totale Ausfall jeglicher Elektronik. Diese Wesen werden uns mürbe machen. Dann wird die Welt kapitulieren.", sagte Marshal Stark.

„Zeigen die Außensatelliten etwas?", fragte Greg Gains. „Nichts, absolut nichts. Sie sind ohne Funktion. Wird ihr Kurs nicht korrigiert, trudeln sie auf die Erde zu. Wir haben kein Raumschiff im Einsatz. Diese Ganoven haben den Überfall perfekt geplant. Und wir wissen noch nicht einmal, mit wem wir es zu tun haben.", ärgerte sich Marshal Korogon. „Das fremde Raumschiff kommt näher!", rief der Navigator. „Jetzt muss alles genau passen. Wenn die Schussweite erreicht ist, starten wir die Antriebsaggregate der GALAXY, sowie den Chromoswellen-Generator.", befahl Greg Gains. Jetzt sieht man das fremde Raumschiff. Langsam flog es über Hamburg hinweg, direkt auf Sylt zu. Wie versteinert schauten alle auf den Monitor. Es ist ein riesiges Raumschiff. Etwa 5 Kilometer lang und 2 Kilometer breit. Niemand kennt die Feuerkraft dieser Fremden. Niemand weiß, ob der Chromoswellen-Generator überhaupt funktioniert. Niemand weiß, ob die GALAXY überhaupt funktioniert.

Der Wellengenerator wurde ausgerichtet. Der Daumen von Marshal Gains kommt dem Feuer-Knopf immer näher. Jetzt flog das riesige Raumschiff auf Hörnum zu. Es wurde dunkel. Das Raumschiff verdunkelt die gesamte Insel. 3... 2... 1... FEUER! Marshal Gains drückte den Knopf. Eine nicht sichtbare Welle schlug im gegnerischen Schiff ein. Es begann sich von außen nach innen aufzulösen. Jetzt war sogar der blaue Himmel wieder sichtbar. Der laute Befehl „Kapitulation" verstummte. Gleichzeitig startete Führungsoffizier Hansen die GALAXY. Langsam erhob sie sich aus den Tiefen der Nordsee. Sie tauchte ganz auf und schoss sofort in den Weltraum. Nur wenig später verdichtete sich wieder der Himmel blutrot. Die anderen fremden Raumschiffe bemerkten den Verlust und formierten sich neu. Die GALAXY blieb unbemerkt hinter Pluto versteckt. Jetzt mussten zunächst einmal alle Funktionen des Schiffs überprüft werden. „Marshal, 6 weitere Schiffe fliegen auf unser Sonnensystem zu. Ich habe ihren Weg verfolgt. Die Signatur zeigt deutlich, dass diese Schiffe aus einer benachbarten

Galaxie kommen.", so der Navigator. „Sollen wir Hilfe von unseren Verbündeten anfordern, Marshal?", fragte Hansen. „Lieber nicht. Vielleicht überwachen sie den Raum und den Funkverkehr. Es ist sowieso erstaunlich, dass sie uns nicht entdeckt haben.", sagte Marshal Greg Gains. „Wir brauchen einen Plan. Fakt ist, dass wenn sie uns erwischen, wir ebenfalls sofort außer Gefecht gesetzt werden. Lassen wir die 6 Schiffe durch, wird die Ausbeutung auf der Erde schneller vorangetrieben. Wir sind die einzige Hoffnung für die Erde. Vorschläge?", fragte Marshal Greg Gains. Der Navigator rief: „Ich habe ihren Kurs herausgefunden. Diese fremden Raumschiffe kommen aus der Galaxie D 75 L 775. Das sind etwa 215.000 Lichtjahre." „Das verstehe ich nicht, wie kommen diese Schiffe hierher? Gibt es etwas Ähnliches wie unsere Chromoswelle?", fragt Gains. „Nein, ich finde keine weiteren Signaturen. Aber ich finde etwas

Interessantes. Ich erkenne einen Texitron-Strahl, man kann ihn leicht übersehen. Er beginnt in der Galaxie D 75 L 775 und strahlt direkt auf die fremden Raumschiffe, die Erde und Mars umkreisen.", so der Navigator weiter. „Das ist wirklich höchst interessant. Man muss sich schließlich fragen, wie kommen diese Raumschiffe an so viel Energie, dass sie einen ganzen Planeten lahmlegen können? Wir können folgendes tun: Wir warten, bis die weiteren fremden Raumschiffe den Pluto passieren, dann pulverisieren wir sie. Wir starten dann den Chromoswellen-Generator und fliegen zu dem Planet, von dem aus das Signal gesendet wird.", schlug Marshal Greg Gains vor.

In der Zwischenzeit waren die fremden Raumschiffe, die die Erde umkreisen, mit dem Raub der Erze fertig und warteten auf die anderen Raumschiffe. Diese kamen dem Pluto immer näher. „Sobald sie nah genug sind, Feuer frei. Dann geht es auf direktem Weg zur Galaxie D 75 L 775. Alle Plätze belegen. Es kann nicht mehr lange dauern."

Der Chromoswellen-Generator wurde auf die fremden 6 Raumschiffe kalibriert. „Auf mein Zeichen wird gefeuert.", befahl Marshal Greg Gains. Es wurde ein Katz und Maus Spiel. Die fremden Schiffe flogen an Pluto vorbei. Die GALAXY umflog Pluto und feuerte. Sofort pulverisierten die gegnerischen Raumschiffe. „Nun fliegen wir sofort zum Ursprung der Texitron-Strahlung.", sagte Gains. Der Chromoswellen-Generator wurde wieder umgestellt. Nun faltete sich der Weltraum vor der GAKXY wie eine Sinuskurve. Auf höchster Stufe flog die GALAXY geradlinig durch den gefalteten Raum und benötigte nur minimalste Zeit, um Galaxie D 75 L 775 zu erreichen. „Vielleicht können wir in Frieden mit diesem Volk verhandeln?", überlegte Marshal Korogon.

„Es kann sein, dass sie große Probleme haben.", warf Marshal Stark ein. „Wer so aggressiv vorgeht, wird wohl keine Probleme haben, sondern ist auf Ärger aus. Nein, wir werden höflich anklopfen, aber dann kommen wir zur Sache.", sagte Marshal Greg Gains.

„Wir kommen unserem Ziel näher. Ich stelle nun den Chromoswellen-Generator ab.", verkündete der Steuermann. Zunächst umrundete die GALAXY den Planet, von dem der Texitron-Strahl ausgeht. Die GALAXY fliegt im Tarn-Modus. „Dies ist der Ursprung des Strahls, der die Erde trifft. Ich orte weitere 2500 Strahlen. Wer weiß, wie viele bewohnte Planeten noch in Gefahr sind?", sagte der Wissenschaftsoffizier Heiner Jensen. „Vorschläge?", fragt Gains. „Senden wir eine Friedensbotschaft. Oder vernichten wir gleich diesen teuflischen Planet.", so Marshal Korogon. „Wir werden es auskundschaften, Korogon. Volle

Bewaffnung. Wir treffen uns im Körpertransporter. Hansen, an sie der Befehl, ob wir nun da unten einen Fehler machen oder die anderen. Egal wer, sie feuern auf den Planeten und vernichten ihn.", so Gains.

Auf dem Planet angekommen, erschraken Gains und Korogon. Maschinenwesen mit mehreren Armen arbeiteten an Geräten und Raumschiffen. Die Marshals wurden überhaupt nicht bemerkt. Sie konnten sich frei bewegen. In regelmäßigen Abständen fanden die Marshals in den Planet eingelassene riesige Rohre. Am Ende der Rohre befanden sich Umlenkspiegel. So konnte ständig die Erde anvisiert werden. Das Analysegerät von Marshal Korogon zeigte an, dass die Quelle dieser Strahlung, der Planetenkern ist. In diesen Rohren musste es noch einen Umformer geben, der aus einer normalen Strahlung einen Todesstrahl polt. Alle Rohre waren gleich aufgebaut. Um den

Planet herum zeigten sie in das Universum und gaben ihre Strahlung ab. „Ich erkenne eine Art Zentrale auf dem Monitor. Lass' uns das einmal untersuchen.", schlug Korogon vor. In der Zentrale gab es dreidimensionale Monitore. Es waren etwa 50 Stück, angeordnet in einem riesigen Kreis. In der Mitte des Kreises war ein Energiestrahl zu sehen, der sich dem gewaltigen Texitron-Strahl anschloss. „So kommunizieren sie also untereinander. Pro Texitron-Strahl sind 50 Raumschiffe im Einsatz. 2500 Texitron-Strahle gibt es. Das sind eine unendlich Zahl an Raumschiffen, die in fremden Galaxien, sowie in ihrer eigenen, wildern. Das können wir nicht zulassen. Wir müssen handeln.", sagte Marshal Greg Gains. Korogon schloss das L-Com Kommunikationsgerät an eine ihrer Schnittstellen an. „Was können wir herausfinden?", fragte Gains. „Ähnlich wie bei uns gibt es Geschichtsordner, man kann einen Zeitstrahl abfahren. Ich erkenne, dass die Bewohner dieses Planeten in das Universum flogen, um ihre Rasse zu vergrößern. Hier ist deutlich unsere Erde zu erkennen und der Vorrat an Negratonen-Erze. In einem anderen Planetensystem erkenne ich Gold-Erze, so geht es weiter. Es sind also Räuber im Universum. Schlimmer noch, hier auf dem Bild erkenne ich Sklaverei. Und hier ist ein Bild von ihnen. Einfach nur ekelig. Lass' sie uns auslöschen, Gains.", so Marshal Korogon. „Nein, wir haben einen Schwur abgelegt. Vielleicht ergeben sie sich.", sagte Marshal Greg Gains. „Niemals, das sehe ich ihnen an."

Marshal Grag Gains ließ sich parallel schalten und verkündete: „Wesen von diesem Planet im Universum. Wir, die Hüter des Gesetzes, fordern euch auf, die Erde und alle weiteren Planeten zu verlassen. Ergebt euch." „Nimokoles grendigo, kol lojugrnte.", ertönte es. „Synchronisiere das L-Com, Korogon.", sagte Gains. „Bin dabei." Jetzt ertönte es: „Niemals… ihr niedriges Volk!"

Marshal Gains brach wütend die Kommunikation ab und rief die GALAXY: „Holt uns hoch. Ich habe diese Wesen gewarnt. Unendliche Planeten werden von ihnen ausgeraubt. Bereitet den Chromoswellen-Generator vor."

Auf dem Schiff angekommen richteten sie die Welle direkt auf den Planet. „Feuer!", rief Gains erleichtert. Der Planet wurde pulverisiert. „Und nun nichts wie zurück. Stellt den Chromoswellen-Generator auf Raumfaltung ein."

„In wenigen Minuten erreichen wir unser Sonnensystem. Ich schalte nun den Generator aus.", so der Steuermann. Sie näherten sich Neptun. Die Monitore zeigten, wie etwa 45 fremde Raumschiffe die Erde und den Mars angriffen. Die Polizei-Raumschiffe feuerten aus allen

Rohren. STAR MAR 64 und STAR MAR 44 wurden von den Gegnern kampfunfähig geschossen. Zwar gab es die Texitron-Strahlung nicht mehr, die die gesamte Elektronik auf Mars und Erde lahmlegte, aber die Feuerkraft der fremden Raumschiffe war dennoch groß genug, um die Menschheit zu vernichten. Die wendigen STAR MAR-Schiffe konnten noch keines der 45 Raumschiffe vernichten. Sie schafften es lediglich, dass die Fremden noch nicht die Erde angriffen, was aber auch nur eine Frage der Zeit war.

„Marshal Greg Gains an Kontrollzentrale Mars B4, bitte melden.", sagte Gains über L-Com. „Hier General Jackson. Ihr kommt im genau richtigen Augenblick. Ich beglückwünsche euch später dazu, dass ihr die Texitron-Strahlung abstellen konntet, falls es noch dazu kommt. Die Fremden, wir wissen immer noch nicht um wen es sich handelt, sind einfach zu stark. Wenn wir hier noch einmal klarkommen, müssen alle Polizei-Raumschiffe aufgerüstet werden. Und nun zeigt diesen Ganoven, was eine Harke ist."

Die GALAXY schoss vom Neptun aus direkt auf die Erde zu. Die fremden Schiffe beschossen die GALAXY. „Die Schilde halten. L-Com ist eingeschaltet, Marshal.", sagte Hansen. Und wie üblich sprach Marshal Greg Gains die Gesetzesbrecher über das Kommunikationsgerät an: „Im Namen des Gesetzes, beendet sofort das Feuer und ergebt euch. Hier spricht die Polizei des Universums." Aus dem Übersetzungsmodul im L-Com ertönte es: „Nicht wir ergeben uns, ihr werdet uns dienen, so wie viele tausend Zivilisationen auch. Wir sind die Cremo. Wir werden euer Raumschiff mit unsere Feuerkraft vernichten." Noch bevor sich die Schiffe formieren konnten, ging die GALAXY in Angriffsposition. „Ahhh, jetzt wissen wir endlich was wir auf ihre Grabsteine schreiben müssen... Cremo also. Es gibt keine weitere Warnung. Chromoswellen-Generator einschalten und auf Energiestrahl stellen. Feuern wenn bereit.", befahl Marshal Greg Gains.

Wie Duellisten kamen sich die Raumschiffe der Cremo und die GALAXY näher. Der Generator war geladen. Hansen stellte sofort von Wellenausdehnung auf Energiestrahl um und feuerte auf jedes fremde Schiff. Den fremden Raumschiffen fehlte natürlich nun ihre Texitron-Strahlung. Gegen die GALAXY hatten sie keine Chance. Nach wenigen Minuten war die gesamte Flotte der Cremo ausgelöscht.

Langsam kehrte Ruhe auf dem Mars und der Erde ein. Im Hauptquartier traf man sich zu einer Besprechung. „Marshal Gains, das war ein perfekter Einsatz von ihnen, ihrer Mannschaft und der GALAXY. Wir alle sind ihnen sehr dankbar.", verkündete General Jackson. „Es ist in der Hauptsache der Chromoswellen-Generator. Ohne ihn sind wir als Weltraum-Polizei machtlos.", sagte Marshal Greg Gains.

Die gesamte Polizei-Raumschiffflotte wurde mit dem Chromoswellen-Generator aufgerüstet. Wieder ein Schritt für mehr Frieden im Universum.

Und heute ist die Welt wieder in Ordnung. Zurzeit amüsieren sich die Marshals des Universums am Strand von Westerland und schauen auf die startenden und landenden Raumschiffe. Die GALAXY liegt wieder unter Wasser im Hanger X1 und wartet auf den nächsten Einsatz im Universum oder außerhalb im Omnium.

# Sylt *im Jahr* 2495
## Texitron-Strahlen bedrohen die Erde

Aus der **STAR MARSHAL** - Serie          Uwe H. Sültz

**Herzlichen Dank für Ihr Interesse.**

**Wir sehen uns auf der Insel.**

**Renate Sültz, KOLI und Uwe H. Sültz**

**Ach ja, dies noch: Auf der Insel gibt es ganz tollen Fisch! Ist klar!**

**Unser Geheimtipp für eine tolle Bratwurst, Currywurst, eine hausgemachte Frikadelle oder Pommes ist die Frittenschmiede „Bei Matzen's... am Flughafen"**

**Einfach zum Flughafen in Westerland fahren, dann am Alten Tower, gegenüber der Feuerwache und genießen!**